Comment faire face au harcèlement scolaire ?

par Marie Léon

Comment savoir si mon enfant est victime de harcèlement ?

Que faire si mon enfant se fait harceler ?

Dois-je changer mon enfant d'école afin qu'il ne soit plus victime de violences ?

Victime de harcèlement enfant, jusqu'à quand puis-je porter plainte ?

Que faire si mon enfant est le harceleur ?

En tant qu'enseignant, comment puis-je évoquer le harcèlement scolaire dans ma classe ?

POUR ALLER PLUS LOIN 27

COMMENT FAIRE FACE AU HARCÈLEMENT SCOLAIRE ?

- **Problématique ?** Violences répétées, brimades, insultes, mise à l'écart... le harcèlement scolaire a de terribles conséquences pour l'enfant qui en est victime. Si le sujet était occulté par le passé, des campagnes visant à prévenir ce genre de situation sont aujourd'hui mises en place dans les écoles. La parole se libère peu à peu. Toutefois, les parents et les enseignants se trouvent encore trop souvent démunis face à ce fléau.
- **Objectifs ?** Comprendre le harcèlement scolaire, aider son enfant à y faire face et le combattre avec les moyens existants.
- **FAQ ?**
  - Tous les enfants peuvent-ils être concernés par le harcèlement ?
  - Je pense que mon enfant se fait brutaliser à l'école. Va-t-il m'en parler ?
  - Comment savoir si mon enfant est victime de harcèlement ?
  - Que faire si mon enfant se fait harceler ?
  - Dois-je changer mon enfant d'école afin qu'il ne subisse plus de violences ?
  - Victime de harcèlement enfant, jusqu'à quand puis-je porter plainte ?
  - Que faire si mon enfant est le harceleur ?
  - En tant qu'enseignant, comment puis-je évoquer le harcèlement scolaire dans ma classe ?

Si le harcèlement en milieu scolaire existe depuis longtemps, la problématique n'est mise sous le feu des projecteurs que depuis peu. Et pour cause : selon le ministère de l'Éducation, 700 000 enfants seraient aujourd'hui concernés en France. Un chiffre qui alerte d'autant plus que les dégâts provoqués sont considérables : perte de confiance en soi, difficultés à l'école pouvant mener au décrochage scolaire, séquelles psychologiques, tentatives de suicide...

Pour que les violences subies soient considérées comme du harcèlement, il faut qu'elles soient récurrentes, qu'elles soient réalisées dans le but de nuire et qu'elles mettent en place un rapport de force de nature dominant-dominé. Le harcèlement ne regroupe donc pas les bagarres et autres querelles auxquelles les élèves peuvent occasionnellement être confrontés durant leur scolarité. Il s'agit plutôt d'insultes, de moqueries, de surnoms dégradants, de coups, de rumeurs véhiculées en vue de ternir une réputation, autant d'éléments auxquels l'enfant victime doit faire face chaque jour.

Si, auparavant, le fléau se limitait au domaine de l'école, il est aujourd'hui beaucoup plus invasif, car il se développe également via les réseaux sociaux. L'enfant ne peut donc compter sur aucun moment de répit. De plus, ce problème entraîne une dégradation insidieuse du climat des établissements scolaires. Face à l'ampleur du phénomène, la France et la Belgique ont organisé des campagnes de mobilisation et ont créé des lignes d'écoute afin que l'enfant persécuté ne soit plus seul.

Face à la détresse dans laquelle se trouve celui qui en est victime, il est particulièrement complexe de trouver les mots justes pour l'aider. C'est pourquoi cet ouvrage vous propose des outils et des conseils pour lutter efficacement contre ce drame du quotidien.

QU'EST-CE QUE LE HARCÈLEMENT SCOLAIRE ?

DES ACTES DE VIOLENCE AUX CONSÉQUENCES DRAMATIQUES

Ils seraient un sur dix en France et un sur trois en Belgique à subir la brutalité de leurs camarades. L'auteur de cette violence peut être seul ou rassembler autour de lui un petit groupe qu'il dirige contre un enfant en particulier. Il crée ainsi un rapport de force avec sa victime qu'il brime quotidiennement et pendant une période assez longue, au point de faire de lui un bouc émissaire. Si les actes de violence physique sont les plus visibles (bagarres, coups, dégradation des biens personnels, etc.), ils sont souvent accompagnés d'une violence verbale (railleries, insultes, moqueries, etc.), mais aussi psychologique (rackets, isolement, rumeurs, etc.), plus insidieuse et difficilement détectable. Ces maltraitances échappent fréquemment à l'attention des adultes, car elles ont le plus souvent lieu dans les cours de récréation ou en dehors de l'école.

LE SAVIEZ-VOUS ?

Nombre d'enfants interrogés à l'occasion des récentes campagnes de prévention ont évoqué des blessures physiques telles que des hématomes, voire des doigts coincés dans des étaux ou des affaires personnelles volées ou endommagées. Sans oublier les insinuations suivies de ricanements et de commentaires lors de voyages scolaires, ou encore les rumeurs autour d'une supposée grossesse pour les filles.

La victime de harcèlement à l'école se sent très seule, voire profondément isolée et démunie. Souvent plus petite ou plus faible physiquement que ses bourreaux, elle est dans l'incapacité de se défendre. La plupart du temps, les bourreaux s'acharnant de plus en plus à mesure que le temps passe, la peur et l'insécurité s'installent, ainsi qu'un sentiment d'impuissance et même de culpabilité.

> « J'ai été victime de harcèlement scolaire lorsque j'étais enfant, il y a de cela plus d'une vingtaine d'années. Un véritable enfer qui a duré des mois. Hélas, à l'époque, les associations n'existaient pas. J'ai fini par trouver le courage d'aller voir un de mes professeurs, qui m'a beaucoup aidé. Je me sentais coupable alors que j'étais victime. » (Paul, 40 ans)

Les enfants qui font les frais de ces attaques et brimades vivent un véritable calvaire au quotidien. Leur mal-être va grandissant au fur et à mesure des semaines, voire des mois – ou des années ! – que dure cette torture. Dès le dimanche soir, l'angoisse se fait de plus en plus forte à l'idée de retourner à l'école, et, tous les matins, la peur est au rendez-vous. Mais, à l'exception d'un petit déjeuner parfois difficilement avalé, l'enfant ou l'adolescent tourmenté déploie souvent des trésors d'inventivité pour ne rien laisser paraître. Certains indices peuvent pourtant mettre la puce à l'oreille : maux de tête récurrents, maladies imaginaires, invention de prétextes pour ne pas aller à l'école, agressivité inhabituelle, problèmes de sommeil, baisse d'appétit, etc.

Lorsque la situation de harcèlement dure et que l'enfant ne trouve aucun soutien auprès de ses camarades, son isolement devient total : pas d'amis, pas de copains, son univers se réduit à lui et à lui seul. Cette sensation, ajoutée aux violences subies, engendre une terrible souffrance qui peut le mener à songer au suicide.

LE SAVIEZ-VOUS ?

Selon une étude anglaise datée de février 2008, « 61 % des victimes [de harcèlement] auraient des idées suicidaires » (cité dans Motto (Florence), « Les brimades entre élèves », in *Sciences humaines*, n° 190, p. 24).

COMMENT EXPLIQUER LE REJET D'UN ENFANT ?

Le harcèlement se fonde avant tout sur le refus primaire de la différence. Ce comportement de rejet entraîne la stigmatisation de certaines caractéristiques de la victime. Il se manifeste essentiellement à l'école primaire et au lycée. Selon l'âge, il peut s'agir d'une façon de s'habiller, plus modeste ou moins à la mode, ou encore d'un physique qui ne constitue pas la norme. Cette particularité devient une cible idéale pour les moqueries : les enfants peuvent s'attaquer à un nez plus gros, des oreilles décollées, des taches de rousseur, un surpoids, etc. Des surnoms méchants apparaissent rapidement et constituent le premier symbole de l'exclusion du groupe. Outre le physique, l'enfant peut également être isolé à cause de ses résultats scolaires trop bons, ou encore de sa composition familiale (parents homosexuels, parent absent, etc.).

> « Tout a commencé lorsque j'ai changé d'école en primaire. Je suis arrivée dans une école dure, avec pas mal de fortes têtes. J'étais de loin la meilleure élève et ça ne leur plaisait pas. J'ai tout subi : coups, surnoms, cartables ouverts avec le contenu jeté dans la boue, insultes… Je n'arrivais pas à en parler, j'avais honte, je pensais que tout était de ma faute. J'ai fini par ne plus travailler en classe pour qu'ils me laissent tranquille. J'ai dû redoubler, mais heureusement, j'ai changé d'établissement. J'ai mis des années à pouvoir évoquer cette période terrible de ma vie. » (Sonia, 30 ans)

QUAND PEUT-ON AFFIRMER QU'IL Y A HARCÈLEMENT ?

On estime qu'il y a harcèlement lorsque plusieurs des éléments ci-dessous sont avérés :

* des agressions nombreuses et répétées, qu'elles soient physiques, verbales ou psychologiques ;

- des violences qui s'inscrivent dans la durée et sont toujours commises par le ou les mêmes élèves ;
- une relation agresseur-agressé qui s'accompagne de rapports de domination et de soumission ;
- une peur de plus en plus importante chez l'enfant harcelé.

LE HARCÈLEMENT, UN PHÉNOMÈNE DE GROUPE ?

Dans la mécanique du harcèlement, il n'y a pas deux protagonistes, mais trois. Le harcelé, le ou les harceleurs et les témoins. Au départ, le harceleur est seul et son attention est attirée par un camarade de classe qui lui déplaît. Sa victime est en général plus fragile et vulnérable, et le bourreau constate très vite que l'enfant qu'il n'apprécie pas a peur de lui et ne sait pas se défendre. Il commence donc à l'attaquer. D'autres élèves, voyant que le harceleur reste impuni, décident de se joindre à lui, pour se faire bien voir du « chef », voire pour se protéger de ses éventuelles agressions.

En marge de ce groupe, il y a les témoins, ceux qui observent, en retrait et silencieux. Conscients de ce qui se déroule devant eux, ils n'osent pas intervenir, car cela entraînerait fatalement des représailles et ils se retrouveraient dans la position du harcelé. Ils préfèrent donc fermer les yeux.

UNE NOUVELLE VARIANTE, LE CYBERHARCÈLEMENT

Ces dernières années, blogs, e-mails, réseaux sociaux et téléphones portables ont rendu le calvaire des victimes encore plus lourd, car il ne se limite plus à l'école. Cette nouvelle forme de harcèlement, que l'on appelle le cyberharcèlement, prend des proportions inquiétantes, car l'anonymat et l'utilisation de surnoms donnent au bourreau l'impression de pouvoir agir en toute impunité, sans être identifié.

Sa force réside également dans le fait que les élèves utilisent ces outils de plus en plus jeunes. Il n'est plus rare de trouver dès l'école primaire des enfants se servant constamment de leur smartphone. Pendant les cours, une grande partie des enseignants leur demandent d'éteindre leurs téléphones portables, mais, une fois dans la cour de récréation, les enfants les rallument. Rien de plus simple que d'envoyer un texte insultant sur les messageries instantanées ou les forums, de diffuser des photos, qu'elles soient compromettantes ou qu'elles servent juste à se moquer. Toutes ces informations font très vite le tour de l'école et peuvent même sortir du cadre scolaire, car quiconque se rend sur la Toile pourrait y avoir accès. Avec de tels outils, le harcèlement devient constant, et les souffrances psycho-logiques sont décuplées.

COMMENT LUTTER CONTRE LE HARCÈLEMENT ?

COMMENT SAVOIR SI JE SUIS VICTIME DE HARCÈLEMENT SCOLAIRE ?

À l'école primaire ou au lycée, sans aucune raison valable, depuis un moment :

- tes camarades se moquent de toi ;
- ils abîment tes affaires, tes livres, voire tes vêtements ;
- ils te volent ton téléphone portable, de l'argent ou ton goûter ;
- ils te donnent des surnoms méchants liés à ton apparence physique ou à ta famille ;
- ils rient quand tu participes en classe ;
- ils te bousculent sans cesse, essaient de t'inciter à te battre ;
- tu te sens écarté, seul pour jouer ou pour déjeuner à la cantine…

Si tu te sens concerné par certains de ces éléments, tu es, hélas, victime de harcèlement scolaire. Les conséquences sur ta vie future peuvent être terribles si tu ne réagis pas, à la fois pour ta scolarité (décrochage scolaire) et pour ta santé (physique, s'il y a des violences, et psychologiques, en raison du profond mal-être que tu ressens). Il faut donc tout d'abord que tu prennes conscience du fait que la situation dans laquelle tu te trouves n'est pas normale et ne peut pas être acceptée : tu n'as pas à subir les moqueries et les coups de tes camarades. Tu n'es d'ailleurs absolument pas responsable de ce qu'il t'arrive, mais tu ne peux pas garder ça pour toi : parles-en à un parent, à un enseignant auquel tu fais confiance ou encore à une association, car ils peuvent trouver des solutions pour mettre un terme au problème. Il te faudra beaucoup de courage pour sortir de ta solitude, mais tu en es capable.

En discutant de ce qu'il t'arrive à l'école avec des personnes en qui tu as confiance, tu verras que tu n'es pas seul et que d'autres enfants sont victimes comme toi de leur camarade. N'hésite pas à te rendre sur le site d'organisations qui luttent contre le harcèlement scolaire (le site *Non au harcèlement*, par exemple) ou de téléphoner à l'un de leurs numéros gratuits pour que tu puisses témoigner sans donner ton identité (le 3020 ou encore le 0800 200 000 en France, le 103 en Belgique).

QUE PUIS-JE FAIRE EN TANT QU'ENSEIGNANT SI JE SUSPECTE UN CAS DE HARCÈLEMENT ?

Il est souvent délicat pour un enseignant de savoir s'il y a réellement harcèlement ou non, car la violence est souvent commise à l'abri du regard des adultes. Certains signaux (traces d'agressions physiques, vols, isolement, etc.) peuvent cependant vous alerter. Lorsque vous en prenez conscience, n'hésitez pas à noter leur fréquence dans un tableau afin de voir s'ils sont récurrents et s'ils s'inscrivent dans la durée.

Si un enfant vient vous demander de l'aide, le plus important est que vous l'écoutiez. Si vous devez lui poser des questions, faites en sorte qu'elles soient les plus ouvertes possible et ne prenez jamais position. Il faudra ensuite lui expliquer les mesures qui seront prises pour que le problème soit réglé.

Une fois que l'enfant victime vous a fait part de ce qu'il vivait, vous devrez en discuter avec le corps professoral et le directeur de l'établissement afin que des mesures soient prises. Lorsque vous parlerez avec l'agresseur il faudra l'encourager à reconnaître ses actes et l'impact qu'ils ont eu sur la victime, sans en dévoiler le nom.

Les associations proposent également aux écoles de mener un travail de fond en sensibilisant les élèves à la thématique du harcèlement scolaire. Des leçons peuvent ainsi être organisées autour du sujet au cours desquelles pourront être diffusées des vidéos de sensibilisation réalisées par des enfants ou des dessins animés pour les plus jeunes, et se clôturer sur un débat entre les élèves. Le site Non au harcèlement propose plusieurs activités autour desquelles rassembler vos classes, telles que notamment des ateliers d'écriture, la création d'affiches ou de vidéos de sensibilisation, etc.

COMMENT SAVOIR SI MON ENFANT EST VICTIME DE HARCÈLEMENT ?

Même si l'enfant victime de harcèlement fait tout pour que cela ne se sache pas, craignant les répercussions si ses camarades venaient à apprendre qu'il s'est plaint ou a dénoncé ses agresseurs, plusieurs signaux d'alerte peuvent vous mettre sur la voie :

- votre enfant ne veut plus aller à l'école ;
- il évoque sans cesse des maux de ventre, de tête, voire des maladies imaginaires ;
- il a des nausées et des vomissements ;
- il vous demande de l'accompagner devant l'école ou le collège, ou au contraire refuse de manière insistante que vous le fassiez ;
- il ne veut plus aller faire du sport avec ses camarades ;
- il arrête de voir ses amis ;
- il a soudain des marques de violence physique sur le corps et le visage, telles que des griffures ou des ecchymoses ;
- il revient à la maison avec des vêtements déchirés ;
- son matériel scolaire est détérioré ou a disparu ;
- il vous réclame plus d'argent de poche que d'habitude ;
- il semble plus fatigué ;
- il ne fait pas ses devoirs et ses notes se détériorent ;

- il évite les conversations avec vous ;
- il perd l'appétit ;
- il s'enferme brusquement et sans raison dans sa chambre ;
- il semble plus intolérant, plus capricieux, voire agressif.

Cette liste n'est malheureusement pas exhaustive, mais si vous remarquez plusieurs de ces éléments dans le comportement de votre enfant, et s'ils sont répétitifs, la possibilité qu'il soit victime de harcèlement scolaire doit être envisagée.

Prêtez également attention au comportement de votre enfant avec ses frères et sœurs, surtout s'ils sont plus jeunes. Certains enfants qui subissent de mauvais traitements à l'école pourraient se montrer plus agressifs à la maison, lorsqu'ils sont dans leur zone de confort.

COMMENT ABORDER LE SUJET AVEC MON ENFANT ?

Souvent, l'enfant se sent coupable des violences qu'il subit et s'en croit responsable. Il peut également craindre de ne pas être cru, tant les faits sont graves, et préfère donc les taire. Ou il peut tout simplement avoir peur des représailles qui pourraient survenir si les enfants qui lui causent du tort venaient à être punis. L'image qu'il a de lui est également biaisée : il n'a plus confiance en lui, pense être sans intérêt pour les autres, ce qui pourrait l'amener à concevoir l'idée que ses parents ne peuvent pas non plus l'estimer.

Si vous sentez que votre enfant est prêt à en parler, vous pouvez, par exemple, émettre des hypothèses afin d'engager la conversation : « On dirait qu'il se passe des trucs pas terribles à l'école, en ce moment. Tu es sûr que tout va bien ? » S'il semble vouloir se confier à vous, parlez-lui franchement, calmement, en énumérant les faits que vous avez remarqués dans son comportement, sans jamais juger.

Bruno Humbeeck, docteur en psychopédagogie, insiste sur le fait qu'il faut tenter de rassurer l'enfant à la fois sur le fait qu'il n'est pas seul, que d'autres enfants connaissent comme lui les mêmes maux, mais aussi sur le fait qu'une solution va être cherchée. Il faut également l'inciter à en parler, que ce soit avec vous, des amis ou encore des associations, sans en avoir honte. N'hésitez pas non plus à lui expliquer qu'il ne doit pas accepter la position de dominé qui lui a été imposée. Il s'agit là d'un véritable travail pour l'enfant, qui sera long et difficile, mais au cours duquel vous pourrez l'accompagner. Faites-lui également sentir que vous êtes là pour l'écouter et l'aider.

Au début, il peut se braquer, refuser de vous répondre, devenir agressif ou se mettre à pleurer. Si la situation semble bloquée, suggérez-lui d'en parler à d'autres personnes. Il peut en effet considérer l'intervention des adultes comme humiliante. Il faut donc vous montrer très patient, lui faire comprendre que vous êtes présent pour lui. Vous pouvez également lui glisser discrètement le nom d'associations qu'on peut trouver sur Internet. L'impression d'être écouté devrait le rassurer un peu.

Il est souvent conseillé de consulter avec votre enfant un psychologue qui pourra vous accompagner dans le travail d'acceptation et de reconstruction en vous donnant des conseils pour reprendre une vie normale.

QUE FAIRE ENSUITE ?

Rencontrez ses enseignants

Puisque l'école est le lieu de tous les maux de votre enfant, n'hésitez pas à vous y rendre pour discuter avec le corps professoral en toute confidentialité après en avoir parlé avec votre enfant. Prenez rendez-vous avec la direction et expliquez-lui ce que subit votre enfant au quotidien. N'hésitez pas à évoquer clairement les maux auxquels il doit faire face. Pour cela, faites une liste précise de ce que vous avez observé et le moment où, selon vous, tout a commencé. L'objectif est de sensibiliser les professeurs et de les rendre attentifs aux relations qui s'établissent entre les enfants en classe ou dans la cours de récréation, ainsi que de réfléchir ensemble aux solutions à mettre en place pour protéger votre enfant. En fonction des faits, une exclusion temporaire, voire définitive, du bourreau peut être décidée, après lui avoir fait prendre conscience des répercussions qu'ont eues ses actes.

Si l'humiliation de votre enfant est due à un membre du corps professoral, allez à sa rencontre pour en discuter, le plus calmement possible. Il n'est pas exclu que l'enseignant agisse sans penser à mal, exaspéré par un enfant plus lent que les autres ou à l'attitude suffisante. En cas de mauvaise volonté, voire de véritable méchanceté, il faudra en parler au directeur de l'établissement. L'État est toutefois le seul à être responsable pour les fautes commises par le personnel éducatif.

Les infirmiers, qui voient souvent les écoliers, les collégiens et les lycéens, pourraient également vous apporter des éléments de réponse, sans oublier évidemment le conseiller d'éducation, voire l'assistante sociale. Vous pouvez aussi demander à un délégué de parents d'élèves de vous accompagner dans les démarches que vous entreprendrez.

Porter plainte

Le harcèlement scolaire est puni par la loi, même si les faits n'ont pas été commis dans les bâtiments de l'école. Vous ou votre enfant pouvez porter plainte si vous pensez que cela peut l'aider. Il faut toutefois noter que ces procédures sont souvent longues.

Si le harceleur est condamné, ses parents peuvent être amenés à indemniser les parents de la victime. En outre, si le harceleur est âgé de plus de 13 ans, il risque une peine allant de 6 à 18 mois d'enfermement dans un établissement pénitentiaire pour mineur, ainsi qu'une amende qui peut s'élever jusqu'à 7 500 €. Il peut également être condamné à des travaux d'intérêt général afin de le responsabiliser par rapport à ses actes. Des circonstances aggravantes peuvent alourdir la punition, notamment le handicap de la victime. S'il a moins de 13 ans, les sanctions applicables relèvent de dispositifs particuliers. Enfin, sachez que le mineur qui a subi ce type de violence peut porter plainte jusqu'à ses 38 ans, en France.

Si l'enfant souhaite de son propre chef porter plainte, il n'est pas nécessaire qu'un adulte soit présent pour qu'il puisse faire cette démarche. En France, un mineur peut se rendre seul au commissariat ou à la gendarmerie. Il ne peut cependant pas se constituer partie civile ni réclamer des dommages et intérêts. C'est à ses parents de le faire pour lui.

OÙ TROUVER DE L'AIDE ?

En France, il existe deux numéros verts :

- le 3020 de la cellule « Non au harcèlement », joignable de 9 à 18 heures du lundi au vendredi ;
- le 0800 200 000 de la cellule contre le cyberharcèlement « Net écoute », joignable de 9 à 18 heures, du lundi au vendredi sauf les jours fériés.

En Belgique, il faut prendre contact avec le 103, le numéro d'appel « Écoute enfants », accessible tous les jours, 24 heures sur 24.

On peut également trouver quelques sites web qui proposent des outils d'information :

- le site *Non au harcèlement*. Extrêmement précis et complet, il aborde toutes les situations : victime, agresseur, parents, enfants témoins des brimades infligées à un de leurs camarades. C'est une véritable mine de conseils et d'informations, qui propose notamment des clips vidéo et des guides pédagogiques ;
- le site de la coordination des ONG pour les droits de l'enfant. L'organisme a publié en 2012 une analyse sur le cyberharcèlement dans laquelle on retrouve les définitions, les comportements typiques des harceleurs, les situations qui les amènent à ces comportements, sans oublier des chiffres. Ce travail soulève de nombreuses questions et tente d'y apporter des réponses. L'analyse insiste également sur les notions de médiation et de réparation.

COMMENT AIDER VOTRE ENFANT À SE RECONSTRUIRE ?

LUI RAPPELER QU'IL N'EST PAS SEUL

Le 5 novembre 2015 a eu lieu en France la première journée nationale de lutte contre le harcèlement scolaire durant laquelle la campagne « Non au harcèlement » a été présentée. Celle-ci permet aux victimes de ce type d'abus de retrouver un peu d'espoir. Quel soulagement en effet d'avoir la possibilité d'appeler ou de rencontrer des personnes susceptibles de les aider ! De quoi leur donner le courage de rompre avec ce cercle infernal.

Ce genre d'événement est crucial pour attirer l'attention de tous sur cette problématique qui touche de plus en plus d'élèves, mais aussi conscientiser chacun sur le rôle qu'il a à jouer dans la répression de ce fléau. Pour ce faire, le ministère de l'Éducation nationale français demande à ce que la problématique soit inscrite dans le programme d'enseignement moral et civique.

Dès lors qu'il vous aura fait part du calvaire qu'il vit à l'école chaque jour, il faudra vous montrer très présent pour votre enfant afin qu'il se sente soutenu et surtout cru. Évitez toutefois de le surprotéger parce que cela pourrait faire naître en lui de nouvelles peurs et inquiétudes.

LUI REDONNER GOÛT À LA VIE

Après s'être mobilisés et l'avoir aidé à se sortir de l'enfer qu'il vivait, les parents doivent envisager l'avenir de leur enfant. Il s'agit de lui démontrer que son expérience de l'école ne reflète pas celle de la vie dans son ensemble, qu'il est aimé (et non pas uniquement de ses parents) et qu'il a de la valeur.

Un bon moyen de lui changer les idées est de choisir avec lui une activité extrascolaire : un sport, un mouvement de jeunesse, des cours de piano, du dessin, du théâtre. Peu importe le type d'activité choisit, l'essentiel est de trouver une occupation qui lui plaise et qui l'amène à rencontrer des gens différents, afin qu'il constate que tout le monde n'est pas violent et méprisant et qu'il est tout à fait digne, lui aussi, d'avoir des amis.

Voir un psychologue peut également lui faire du bien s'il en ressent le besoin. Il est par contre vivement conseillé si le harcèlement a duré plus d'une année. En effet, si l'enfant est incapable de traiter et d'assimiler sainement ce qu'il a vécu, les dégâts dans sa vie d'adulte peuvent être terribles.

Enfin, même si le harcèlement a commencé via les réseaux sociaux, inutile de le priver d'Internet. Il faut trouver la bonne mesure avec lui pour qu'il ne se sente pas à nouveau isolé, voire exclu. N'hésitez pas à mettre en place des règles spécifiques d'utilisation avec votre enfant, et à modifier les paramètres de connexion sur les différents supports depuis lesquels il peut avoir accès à Internet.

FAQ

TOUS LES ENFANTS PEUVENT-ILS ÊTRE CONCERNÉS PAR LE HARCÈLEMENT ?

Le harcèlement touche davantage les enfants particulièrement sensibles ou timides, et qui présentent une particularité : une fille jugée masculine, un garçon efféminé, un enfant possédant une singularité physique, un élève brillant. Les différences, quelle que soit leur nature, peuvent susciter un rejet de la part d'un autre élève, très conformiste ou peut-être jaloux de cette originalité qu'il ne possède pas. Les enfants influençables ou vulnérables sont évidemment les victimes favorites de ces bourreaux, qui pressentent qu'ils n'oseront pas se défendre.

JE PENSE QUE MON ENFANT SE FAIT BRUTALISER À L'ÉCOLE. VA-T-IL M'EN PARLER ?

Pas nécessairement, car souvent, par peur des représailles ou par honte et culpabilité, il préfère se taire. Par ailleurs, ce n'est probablement pas à ses parents qu'il aura envie de parler de ça, mais plutôt à des enfants de son âge ou, mieux encore, à des associations où l'écoutant est anonyme.

La crainte de ne pas être pris au sérieux ou de ne pas être cru peut empêcher l'enfant harcelé d'en parler à sa famille. Toutefois, si sa confiance en lui n'est pas encore trop atteinte et s'il existait déjà un climat de confiance entre vous, il vous parlera peut-être du cauchemar qu'il vit.

Si vous sentez qu'il ne souhaite pas s'ouvrir à vous, n'insistez pas. Il pourrait se refermer sur lui. Donnez-lui le nom d'associations via lesquelles il pourra s'exprimer en toute liberté.

COMMENT SAVOIR SI MON ENFANT EST VICTIME DE HARCÈLEMENT ?

Même si votre enfant ne se plaint pas de mauvais traitements à l'école, des signes somatiques répétés doivent vous alerter : maux de ventre ou de tête, difficultés à respirer, poussées sévères d'eczéma, nausées, vomissements, etc. Si vous avez remarqué certains de ces éléments, vérifiez s'il a des marques physiques sur le corps : griffures, ecchymoses, traces de coups, etc. Enfin, vous avez peut-être remarqué des changements dans son comportement : il s'enferme de plus en plus dans sa chambre, ne travaille plus en classe, se replie sur lui-même.

Si vous repérez plusieurs de ces signes, soyez vigilant et n'hésitez pas à lui en parler puis à agir, toujours en tenant compte de ses besoins et de préférence en concertation avec lui.

QUE FAIRE SI MON ENFANT SE FAIT HARCELER ?

Lorsque le harcèlement est avéré, sachez que discuter avec les parents de l'enfant harceleur ne constitue absolument pas une solution. La conversation que vous pourriez avoir avec eux risque de s'envenimer, et votre enfant pourrait en pâtir et voir sa situation se dégrader plus encore. Le mieux serait donc de prendre rendez-vous avec le directeur de l'établissement scolaire et le corps professoral afin de trouver des solutions. Vous pouvez également discuter avec le conseiller principal d'éducation. Au besoin, faites-vous accompagner d'un délégué de parents d'élèves.

Si, malgré tout, les violences continuent, il deviendra peut-être nécessaire de porter plainte afin de calmer la situation.

DOIS-JE CHANGER MON ENFANT D'ÉCOLE AFIN QU'IL NE SOIT PLUS VICTIME DE VIOLENCES ?

Il ne faut choisir cette option que si toutes les autres solutions ont échoué. En changeant votre enfant d'école directement, cela pourrait :

- donner l'impression au harceleur qu'il ne sera pas puni, ce qui pourrait le pousser à s'en prendre à d'autres élèves ;
- conforter votre enfant dans un statut d'inadapté, de victime incapable de s'intégrer, dont il risque d'avoir de plus en plus de mal à sortir.

Mais si la situation ne s'arrange pas malgré vos efforts et les siens, il vous faudra tout de même changer votre enfant d'établissement. Afin qu'il ne reste pas trop marqué par son expérience négative et puisse retrouver une certaine sérénité et une scolarité épanouissante, il est important d'accompagner correctement cette étape en travaillant sa confiance en lui et en vous, notamment en favorisant un espace de dialogue ouvert.

VICTIME DE HARCÈLEMENT ENFANT, JUSQU'À QUAND PUIS-JE PORTER PLAINTE ?

En France, vous pouvez porter plainte jusqu'à l'âge de 38 ans.

QUE FAIRE SI MON ENFANT EST LE HARCELEUR ?

Si vous constatez que votre enfant s'en prend quotidiennement à l'un de ses camarades, il faudra tenter de comprendre avec lui la raison pour laquelle il a endossé ce rôle, pour ensuite lui faire quitter cette position. Il s'agira bien évidemment de vous faire aider, au moins par l'équipe éducative de l'établissement scolaire de votre enfant, mais également, si la situation le requiert, par un spécialiste qui pourra vous soutenir et vous donner des conseils.

EN TANT QU'ENSEIGNANT, COMMENT PUIS-JE ÉVOQUER LE HARCÈLEMENT SCOLAIRE DANS MA CLASSE ?

Si vous souhaitez évoquer le harcèlement scolaire dans le cadre de l'un de vos cours, il est important de faire de cette leçon un cours interactif, en permettant à chacun de s'exprimer.

Dans un premier temps, il vous faudra définir le concept et les effets dévastateurs qu'il peut avoir sur l'enfant qui en est victime. N'hésitez pas à demander aux élèves qui le souhaitent de le définir avec leurs propres mots. Pour appuyer cette définition, vous pouvez ensuite diffuser des vidéos ou dessins animés réalisés par des organismes reconnus afin de sensibiliser les jeunes sur ce problème qui touche la plupart des écoles. À côté de cela, vous pouvez également proposer à vos élèves différentes activités : des ateliers d'écriture, du théâtre, la création d'affiches, etc. S'ils se sentent concernés par la problématique, vous pouvez également leur proposer de monter un projet visant à lutter contre le harcèlement scolaire (affiche, vidéo, campagne, etc.) qui sera envoyé à l'un ou l'autre organisme qui organise des concours (la plateforme « Agis pour tes droits », le prix « Non au harcèlement, etc.).

Votre avis nous intéresse !

*Laissez un commentaire sur le site de votre librairie en ligne
et partagez vos coups de cœur sur les réseaux sociaux !*

POUR ALLER PLUS LOIN

SOURCES BIBLIOGRAPHIQUES

- Aymon (Gaël), *Ma réputation*, Arles, Actes Sud Junior, 2013.
- Ben Kemoun (Hubert), *La Fille seule dans le vestiaire des garçons*, Paris, Flammarion, 2013.
- Blaya (Catherine), *Les ados dans le cyberespace. Prises de risque et cyberviolence*, Louvain-La-Neuve, De Boeck Supérieur, coll. « Pédagogies en développement », 2013.
- « Comment réagir face au harcèlement scolaire ? », in *Couples et familles*, consulté le 9 mai 2016.
  http://www.couplesfamilles.be/index.php?option=com_content&view=article&id=377:comment-reagir-face-au-harcelement-scolaire-&catid=6:analyses-et-reflexions&Itemid=9
- Debarbieux (Éric), « Refuser l'oppression quotidienne : la prévention du harcèlement à l'école », in *Éducation.gouv.fr*, consulté le 19 mai 2016.
  http://www.education.gouv.fr/cid55897/refuser-l-oppression-quotidienne-la-prevention-du-harcelement-a-l-ecole-rapport-d-eric-debarbieux.html
- Fraisse (Nora), *Stop au harcèlement !*, Paris, Calmann-Lévy, 2015.
- « Harcèlement : tous concernés ! », in *Le Ligueur*, consulté le 9 mai 2016.
  https://www.laligue.be/leligueur/articles/harcelement-tous-concernes-!
- « Harcèlement : que dit la loi ? », in *Infor.jeunes.eu*, consulté le 19 mai 2016.
  http://inforjeunes.eu/harcelement-dit-loi/
- Jimenes (Guy), *Harcèlement !*, Paris, Oskar Éditions, 2011.

- KANTOURIS (Michalis), *Ne te laisse pas faire, petit ours !*, Paris, Mango jeunesse, 2004.
- KONNECKE (Ole), *Le Grand Méchant Bill*, Bruxelles, L'École des loisirs, 2003.
- LARSEN DE SUSIN NIELSEN (Henry K.), *Le Journal malgré lui*, Paris, Hélium Éditions, 2013.
- PIQUET (Emmanuelle), *Te laisse pas faire ! Aider son enfant face au harcèlement à l'école*, Payot & Rivages, Paris, 2014.
- ROMANO (Hélène), *Harcèlement en milieu scolaire*, Paris, Dunod, 2015.

SOURCES COMPLÉMENTAIRES

En France

- « Le harcèlement en milieu scolaire », in *Eduscol*, consulté le 28 avril 2016.
  http://eduscol.education.fr/cid55921/le-harcelement-en-milieu-scolaire.html
- *Non au harcèlement*, consulté le 28 avril 2016.
  http://www.nonauharcelement.education.gouv.fr/
- « Prévention du cyberharcèlement », in *e-Enfance.org*, consulté le 28 avril 2016.
  http://www.e-enfance.org/cyber-harcelement.php

En Belgique

- « Le harcèlement en milieu scolaire : comprendre et agir », in *Couples et familles.be*, consulté le 28 avril 2016.
  http://www.couplesfamilles.be/index.php?option=com_content&view=article&id=199:le-harcelement-en-milieu-scolaire-comprendre-et-reagir&catid=6:analyses-et-reflexions&Itemid=9
- *École sans harcèlement.be*, consulté le 28 avril 2016.
  http://www.ecolesansharcelement.be/fr

- « Harcèlement scolaire et menaces », in *Afpssu.com*, consulté le 28 avril 2016.
  http://www.afpssu.com/dossier/harcelement-scolaire-victimation-prevention-et-lutte-contre-le-harcelement-a-lecole/

En Suisse

- *Harcèlement et brimades entres élèves.com*, consulté 28 avril 2016.
  http://harcelement-entre-eleves.com/

50MINUTES.fr
Art & Littérature
Business & Economics
Histoire & Société
Santé & Bien-être
SOYEZ LÀ
OÙ ON NE VOUS ATTEND PAS !
www.50minutes.fr

Éditeur responsable : Lemaitre Publishing
Avenue de la Couronne 382 | B-1050 Bruxelles
info@lemaitre-editions.com

ISBN ebook : 978-2-8062-7626-1
ISBN papier : 978-2-8062-7627-8
Dépôt légal : D/2016/12603/50
Photo de couverture : © Monkey Business – Fotolia.com.